W0052896

Reinhard Abeln

Oma, hast du Kinder?

Inhalt

„Ich weiß,
dass der liebe Gott
die Welt und alle Vögel
und Pflanzen
geschaffen hat,
aber das Beste,
was er gemacht hat,
bin ich."

Aus Enkelmund
(Timo, 10 Jahre)

Ein Wort zuvor

„Lachen ist die beste Medizin, die am wenigsten kostet und am sichersten hilft", sagt eine alte Lebensweisheit. Leider ist das echte und frohe Lachen in der heutigen Zeit selten geworden. Der ehrliche Humor kommt im menschlichen Umgang viel zu kurz.

Was lässt sich in dieser Situation tun? Die Antwort lautet: auf die Kinder blicken! Dieses Buch stellt eine Sammlung von Sprüchen vor – frisch, fromm, fröhlich, frei –, wie Kinder sie täglich hervorsprudeln lassen. Da, wo Kinder auftauchen, bekommt alles ein frisches und frohes Gesicht – voller Farbe, Wärme und Leben! Sie bringen uns zum Lachen und lassen uns erkennen, welch großes Geschenk Gottes Kinder in dieser Welt sind!

Kinder brauchen keine klingenden Titel, keinen Besitz und keine Macht. Sie sind mächtig durch sich selbst, sind ein eindrucksvolles Zeichen Gottes. Kinder sind – laut Peter Rosegger – ein Buch, aus dem wir Erwachsenen lesen können. Sie beschenken uns mit ihrer Freude.

Vielleicht gelingt es Ihnen, liebe Großeltern, von den Enkeln, die auf den folgenden Seiten zu Wort kommen, etwas zu lernen. Vielleicht können Sie einiges von ihrer unbekümmerten Offenheit, Spontaneität, Herzlichkeit, Freude, Unbefangenheit und Natürlichkeit in sich wirken und lebendig werden lassen!

Wer noch nicht weiß, wie viele Anlässe zum Lachen es zwischen Enkeln und Großeltern gibt, wird es aus diesem Buch erfahren. Es enthält eine Fülle von heiteren und lustigen

Aussprüchen und Begebenheiten: zu Hause, bei Familienfeiern, in der Kirche, im Kindergarten, in der Schule, bei Besuchen, beim Einkaufen, auf der Straße, in der Freizeit ... Darin eingestreut sind einige amüsante Sinnsprüche und Rätsel. Da kommt keine Langeweile auf.

Manche lustigen Aussagen der Jungen und Mädchen sind allerdings auch ein „bisschen frech". Ist das so schlimm? Es scheint doch das Privileg der Kinder zu sein, dass sie hier und da fröhlich und frech gleichzeitig sein können, ohne dabei verletzend oder gemein zu werden.

Fangen Sie noch heute mit dem Lesen der zahlreichen Witze, Anekdoten und humorvollen Kurzgeschichten an! „Wer sich heute freuen kann, soll nicht bis morgen warten", heißt ein schönes Sprichwort. Und nun viel Vergnügen und Spaß mit dieser herzerfrischenden Lektüre!

Ihr

Reinhard Abeln

Das Paradies
öffnet sich nur
dem Lachenden.

Sprichwort

Heiteres in der Familie

Tränen bei der Schwester

„Frank, weshalb weint denn deine kleine Schwester?", will die Oma wissen.

„Ach, ich glaube, die spinnt!", antwortet der Junge. „Und dabei habe ich ihr sogar geholfen, ihre Tafel Schokolade aufzuessen!"

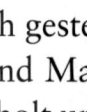

Für später

Schon öfter hat der Opa dem kleinen Enkel Matthias von früheren interessanten Erlebnissen erzählt. So auch gestern.

Der Opa erzählt und Matthias hat sich einen Kuli und Papier geholt und fängt an zu schreiben.

Da fragt der Opa: „Was schreibst du denn, Matthias?"

„Ich will mir das aufschreiben, damit ich das später meinen Kindern auch erzählen kann!"

Schon sehr lange

„Sag, Kleine, wer ist denn der rüstige alte Herr, der da drüben im Garten arbeitet?"

„Das ist mein Opa", erklärt Christine mit großem Stolz.

„Wie alt ist er denn?"

„Das weiß ich nicht, aber wir haben ihn schon sehr lange."

Kompliment für die Oma

Anna gratuliert ihrer Oma zum Geburtstag und will ihr dabei auch etwas Nettes sagen: „Liebe Oma, wenn du auch wieder ein Jahr älter geworden bist, so siehst du doch jedes Jahr jünger aus!"

„Jetzt übertreibst du aber, du kleine Schmeichelkatze!", meint die Oma.

„Na ja, dann sagen wir halt: jedes zweite Jahr!"

Der Klapperstorch

In der Familie ist Nachwuchs angekommen und der Vater sagt zur kleinen Anni:
„Lauf doch schnell einmal hinüber zu Opa und berichte ihm, dass der Klapperstorch ein kleines Brüderchen gebracht hat!"
„Ja, meinst du denn, dass der Opa noch an den Klapperstorch glaubt?", zweifelt das Mädchen.

Zum Dank dafür

„Omi, wann bist du Großmutter geworden?", fragt die kleine Diana.
„Als du geboren wurdest."
„Also, wenn ich nicht wäre, würdest du nicht Großmutter sein?"
„Freilich nicht, mein Liebling."
Darauf Diana: „Und was schenkst du mir nun zum Dank dafür?"

Der Dankbrief

Oscar schreibt in einem Dankbrief an seine Oma nach seinem zehnten Geburtstag:
„Liebe Oma Christa! Ich möchte dir für alle Geschenke danken, die du mir zum Geburtstag geschenkt hast, und für alle, die du mir noch schicken willst. Dein Oscar.“

Sonderfall

„Stimmt es“, will Wolfgang von der Mutter wissen, „dass dich und mich und Opa und Oma alle der Storch gebracht hat?“
Die Mutter nickt gedankenverloren.
Nachher steht in Wolfgangs Aufsatz über „Die Geschichte meiner Familie“: „Seit langer Zeit hat es in unserer Familie keine normale Geburt mehr gegeben.“

Nicht immer

„Bist du auch immer recht brav?", fragt die Oma ihre kleine Enkelin Sonja.

„Oh ja – das heißt, nicht immer. Weißt du, Omi, man darf seine Eltern nicht zu sehr verwöhnen!"

Zähneklappern

„Stefan", fragt die Oma, „was ist denn das für ein Geräusch im Badezimmer?"

„Das ist Klärchen, das klappert mit den Zähnen."

„So ein Unsinn! Das Baby hat doch noch gar keine Zähne."

„Es klappert doch auch mit deinen Zähnen, Oma", klärt Stefan den Sachverhalt auf.

Protest

„Nun, wie gefällt dir denn dein neues Schwesterchen?", fragt der Opa seinen Enkel Martin.
„Kein anständiges Fernsehgerät und keine
Stereoanlage im Haus", protestiert der Junge,
„aber für so einen Quatsch haben meine Eltern Geld!"

Wahnsinn!

„Ich habe gestern bei mir die ersten grauen
Haare entdeckt", sagt die Mutter.
Darauf meint der kleine Mario: „Warum hast
du denn die grauen Haare bekommen?"
„Vermutlich, weil du mich immer ärgerst."
„Wahnsinn, Mutti, dann musst du zu Oma ja
schrecklich gewesen sein!"

Omas Kirschkuchen

Bei Omas Geburtstag gibt es Kirschkuchen und Enkel Oliver macht sich ordentlich darüber her.

„Schmeckt dir der Kirschkuchen?", schmunzelt die Oma.

„Ganz hervorragend", begeistert sich der Junge, „und das Beste daran ist, dass alle Kirschkerne schon ausgespuckt sind."

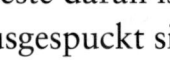

Ein Grund zur Freude

„Du hast ja so gute Laune!", sagt die Oma zu ihrer Enkelin.

„Ja", antwortet die Kleine. „Ich war beim Zahnarzt. Und der ist im Urlaub und kommt erst in drei Wochen wieder zurück!"

Vergesslich geworden

Sven ist gerade dabei, seine Oma zu wecken.
„Was machst du denn da?", fragt ihn der Vater.
„Ich muss sie unbedingt wachkriegen", meint der besorgte Junge, „Oma hat vergessen, ihre Schlaftabletten zu nehmen!"

Früher und heute

„Wie siehst du nur wieder aus!", sagt die Oma zu ihrem Enkel Peter. „Als ich so alt war wie du, habe ich mir fünfmal am Tag das Gesicht gewaschen!"
„Ja, Omi, und wie siehst du heute aus?", erwidert trocken der Junge. „Falten, Falten, Falten …!"

„Au klasse!"

„Ich heirate einmal die Silke aus unserem Kindergarten", erzählt Peter der Oma.
„Hast du sie denn schon einmal gefragt?", gibt diese zu bedenken. „Zum Heiraten gehören nämlich immer zwei."
„Au klasse", freut sich der Enkel, „dann nehme ich ihre Schwester Julia auch noch dazu!"

Gemeinsames Spiel

„Bitte spiel mit uns", betteln Fredi und Klaus die Oma an. „Wir wollen Zoo spielen und wir Kinder sind die Affen."
„Aber, was soll ich denn dabei?", wundert sich die Oma.
„Du musst die Affen mit Schokolade und Bonbons füttern!", schlagen ihr die Kinder vor.

Zwanzig Jahre jünger

Oma will sich einen neuen Hut kaufen.

„Dieser Hut macht Sie glatt zwanzig Jahre jünger", behauptet der Verkäufer.

„Kauf ihn lieber nicht", rät Enkel Matthias, „sonst verlierst du am Ende noch deine Rente!"

„Du bist Jesus!"

Die Oma macht Eierkuchen für ihre zwei Enkel Thomas und Martin. Da beginnen die Jungen zu streiten, wer den ersten Eierkuchen bekommt – für die Oma eine Gelegenheit für eine moralische Belehrung.

„Jungs, wenn hier Jesus sitzen würde, würde er sicher sagen: „Den ersten soll mein Bruder nehmen, ich kann warten."

Sofort wendet sich Thomas an seinen Bruder und ruft: „Du bist Jesus!"

Aus Opas Kindheit

Eines Abends erzählt der Großvater seinem Enkel Tim von seiner Kindheit:
„Nach dem Krieg haben wir sogar noch im Fluss schwimmen können. Im Park sind wir auf die höchsten Bäume geklettert und haben Maikäfer geschüttelt. Wir haben außerdem ein Pony gehabt und ein kleines Wägelchen dazu, mit dem wir immer die Kohlen heimgefahren haben!"
Da seufzt Tim tief und meint: „Ach Opa, warum haben wir zwei uns nicht schon früher kennengelernt?!"

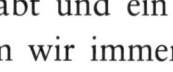

Zahnweh?

„Tut dir dein Zahn noch weh?", erkundigt sich teilnehmend die Oma bei ihrer Enkelin.
„Das weiß ich nicht", erklärt Sandra, „der Zahnarzt hat ihn bei sich behalten."

Beeindruckt

„Ich bin am 10. Juli 1915 geboren worden",
sagt die Großmutter zu ihrem Enkel Fabian.
Dieses Datum hat den Jungen sehr beein-
druckt. Um ganz sicher zu sein, fragt er vor-
sichtshalber noch einmal nach: „Hm, 1915.
Vor oder nach Christi Geburt?"

Bittere Medizin

Eva lässt sich die bittere Medizin nur von der
Oma verabreichen.
„Warum denn das?", will endlich der Vater
wissen.
„Weil die Oma so zittert und vorher vieles ver-
schüttet", bekennt das Mädchen.

Freundliche Kritik

Daniela hat von ihrer Oma zum zehnten Geburtstag ein neues Kleid geschenkt bekommen und bittet alle in der Familie um freundliche Kritik.

Bruder Leon, elf Jahre alt, formuliert sein Urteil so: „Von hinten siehst du so aus, als ob du von vorne schön wärest."

Trommel und Trompete

Der Opa hat für die beiden Enkel eine Trommel und eine Blechtrompete mitgebracht.

„Wem soll ich denn nun die Trommel und wem die Trompete geben?", fragt er die Mutter.

„Gib am besten beides dem Jürgen", schlägt sie vor, „der macht alles am schnellsten kaputt."

Mit welchem Finger?

„Heiko, man bohrt nicht mit dem Zeigefinger in der Nase", tadelt die Großmutter ihren Enkel.
„Welchen Finger nimmt man denn?", will darauf der Junge von der Oma wissen.

Ein Brüderchen

„Ich bekomme ein Brüderchen", erzählt der fünfjährige Steffen den erstaunten Großeltern.
„Woher weißt du das denn?", will die Oma wissen.
„Als das letzte Mal Mutti in der Klinik lag, habe ich ein Schwesterchen bekommen", gibt Steffen zur Antwort. „Aber diesmal liegt Papi in der Klinik."

Wie ein alter Mann

Die Oma lasst sich die Haare kurz schneiden, zieht eine flotte lange Hose und einen schicken Pulli an und kommt sich so um viele Jahre jünger vor.

Stolz fragt sie Enkel Kai, der sie erstaunt ansieht: „Nun, komme ich dir jetzt noch wie eine alte Frau vor?"

„Nein", antwortet der Junge, „wie ein alter Mann!"

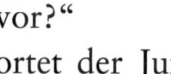

Trost von der Enkelin

Susi stellt in Omas Gesicht viele Falten fest.

„Omi", sagt die Kleine, „deine Gesichtsfalten kriegen wir bald weg. Wir haben jetzt daheim ein neues Dampfbügeleisen!"

Zur Belohnung

Der fünfjährige Enkel Frank hilft der Großmutter beim Aufräumen und Staubwischen.
Die Oma lobt ihn und stellt ihm als Beloh-
nung einen Kuss in Aussicht. Darauf meint
der Junge: „Schokolade schmeckt mir aber
viel besser, Omi!"

Wichtige Gäste

Die Großmutter bringt ihre Enkelin ins Bett.
„Nicht wahr, Oma", sagt die Kleine, „bei
meinen Eltern sind heute wichtige Gäste zu
Gast?"
„Woher weißt du denn das?"
„Mutti lacht über Vatis Witze!"

Großvaters Bart

Der kleine Emil ist auf Besuch bei seinem Großvater. Der alte Herr versteht es großartig, mit
seinem Enkel umzugehen, und dieser wieder-
um hängt mit großer Liebe an seinem Großvater und alles, was dieser macht und tut, findet die Bewunderung des kleinen Mannes.
Schon das Äußere des Großvaters ist ihm be-
wundernswert – besonders der lange graue
Bart, der ihm bis auf die Brust herabhängt,
und die große blanke, wie ein Vollmond
schimmernde Glatze.
Als nun der kleine Emil wieder einmal zwischen den Knien seines im Klubsessel ruhen-
den Großvaters steht, fragt er: „Großvater,
sag, bist du auch einmal ein kleiner Junge gewesen?"
„Aber freilich", sagt der Großvater, „freilich
bin ich auch einmal ein kleiner Junge gewesen, so klein wie du – und noch kleiner!"
Da klatscht Emil vor Freude und Vergnügen in
die Hände und ruft mit Lachen: „Aber Großvater, musst du komisch ausgesehen haben –
mit deiner Glatze und deinem langen Bart!"

Volksgut

Schwierige Frage

Enkel Louis, zehn Jahre alt, stellt dem erstaunten Großvater eine schwierige Frage: „Opa, muss ich – wenn ich groß bin – einen Beruf erlernen oder kann ich Mensch bleiben?"

Geliebte Oma

Paulinchen liebt ihre Oma sehr.
„Dich mag ich, Oma", ruft sie begeistert. „Wenn ich einmal ein Kind bekomme, werde ich es ‚Oma' nennen."

Aber sicher!

Klein Jürgen fragt seine Großmutter: „Hast du auch Kinder, Oma?"
„Aber sicher, mein Junge", antwortet diese, „deine Mama ist mein Kind!"

Gewachsen

„Was bist du gewachsen", sagt der Opa zu seinem Enkel Peter. „Du bist jetzt schon größer als dein Vater!"

„Ja", strahlt der Junge, „jetzt muss er meine alten Sachen auftragen."

Geschrei im Wohnzimmer

„Was ist denn das für ein Geschrei im Wohnzimmer?", will die Mutter wissen.

„Ach, das ist Opa", weiß Regina. „Er erklärt Papi, wie er meine Hausaufgaben machen muss – und der kapiert wieder nichts!"

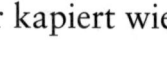

Aus der Schule geplaudert

Noch nicht gemerkt

„Na, wie gefällt es dir denn in der Religions-
stunde?", fragt der Opa seinen Enkel am
Schuljahresbeginn.
„Prima, ich bin ja auch der Beste in Religion",
berichtet Simon.
„So, sagt das der Pfarrer?"
„Och, ich glaube, der hat das bislang noch gar
nicht bemerkt."

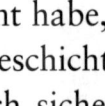

Die Geschichte vom „Rodes"

Auf die Frage der Oma, was sie denn heute in
der Schule gelernt habe, sagt die kleine Stefa-
nie: „Ach, die Geschichte vom Rodes."
„Du meinst doch sicher Herodes", erwidert
die Oma.
Darauf das Mädchen: „Meinst du etwa, zu
dem Lump sage ich auch noch Herr?!"

Ohne Schwierigkeiten

Katja hat mit der Schulklasse eine England-
reise gemacht.
„Und hattet ihr denn keine Schwierigkeiten
mit euren Englischkenntnissen?", will nachher die Oma wissen.
„Wir nicht", antwortet die Enkelin, „aber die
Engländer."

Wirklich erstaunlich

In der Schulpause wird mal wieder richtig an-
gegeben.
Thomas sagt: „Meine Oma ist schon achtzig
Jahre alt und liest ihre Zeitung noch aus drei
Metern Entfernung."
„Wirklich erstaunlich", meint darauf Martin,
„wie lang die Arme deiner Oma sind!"

Klein anfangen

„Jedes Mal, wenn du eine Eins schreibst, bekommst du in Zukunft fünf Euro von mir", stellt der Opa in Aussicht.

„Lass uns klein anfangen, Opa", schlägt Richard vor, „gib mir erst mal einen Euro für jede Fünf!"

Mehr Torte!

Der kleine Oskar hat Schwierigkeiten mit dem Bruchrechnen.

Die Oma erklärt ihm: „Sieh mal diese Torte hier. Wenn ich sie in zwölf Stücke schneide und gebe dir eins davon, was ist das dann?"

„Dein Geiz, Oma", antwortet der Enkel beleidigt.

Die goldene Krone

„Wer trägt eine goldene Krone?", wird in der Geschichtsstunde gefragt.

„Mein Großvater", behauptet Berthold.

Die Klasse lacht.

„Doch, es stimmt schon", verteidigt sich der Junge.

„Er hat sie erst in der vorigen Woche beim Zahnarzt bekommen!"

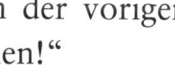

Klug oder dumm?

„Bist du der Klügste oder der Dümmste in deiner Klasse?", fragt der Opa seinen Enkel.

„Weder noch", erwidert dieser, „ich bin der Klügste unter den Dümmsten!"

Zum dritten Mal

Jürgen meldet sich während des Unterrichts: „Bitte, ich muss morgen zu Hause bleiben, weil meine Oma beerdigt wird!"

„Das ist ja unerhört!", donnert der Lehrer. „Zum dritten Mal innerhalb eines halben Jahres willst du zur Beerdigung deiner Großmutter schulfrei haben!"

„Ich kann doch nichts dafür, wenn mein Opa immer wieder heiratet", ist Jürgen um eine Ausrede nicht verlegen.

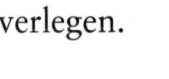

Dahintergekommen

Die Lehrerin erzählt den Kindern über den Teufel.

Aber Klein Karl weiß es besser: „Den Teufel gibt's ja gar nicht. Das ist genauso wie beim Nikolaus: Das ist der Opa."

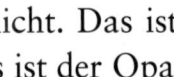

Ungerecht

„Stimmt es", fragt Lotti den Großvater, „dass die Lehrer Geld dafür bekommen, dass sie in die Schule gehen?"

„Aber klar!", bestätigt der Opa.

„Das finde ich richtig ungerecht", beschwert sich das Mädchen, „wo doch die Hauptarbeit die Kinder machen müssen."

Rechenkünste

Die Oma prüft Klein Ottos Rechenkünste: „Wenn ich hier vier Birnen habe und ich lege noch drei dazu, wie viel habe ich dann?"

„Das weiß ich nicht", erwidert der Kleine. „Ich kann das nur mit Äpfeln."

Großes Lob

Rudi kommt von der Schule zur Großmutter und sagt zu ihr: „Heute hat mir der Lehrer ein großes Lob ausgesprochen!"

„So, was hat er denn gesagt?", interessiert sich die Oma.

„Er hat gesagt", berichtet der Junge, „wenn er lauter solche Schüler hätte wie mich, könne er die Schule schließen."

Wie weit?

„Nun, Till", fragt der interessierte Opa seinen Enkel, „wie weit seid ihr denn im Religionsunterricht?"

Darauf erwidert ihm der Junge: „Mit dem lieben Gott sind wir jetzt fertig!"

Der neue Lehrer

„Unser neuer Lehrer ist blöd", erzählt Eberhard nach dem Unterricht seiner Großmutter. „Warum denn?", will daraufhin die Oma von ihrem Enkel wissen.

„Er hat heute in der Schule zu mir gesagt: Wenn du nochmals mit so dreckigen Händen zur Schule kommst, dann werde ich dir ordentlich den Kopf waschen!"

Vera erzählt der Oma: „Weißt du eigentlich schon, dass die Muttergottes eine Schirmfabrik gehabt hat?"

„Woher weißt du das denn?"

„Wir haben heute im Religionsunterricht gesungen: ‚Maria, breit den Mantel aus und mach uns Schutz und Schirm daraus.'"

Im Paradies

„Warum durften Adam und Eva wohl nicht vom Baum der Erkenntnis essen?", fragt der Religionslehrer die Klasse.
„Vielleicht waren die Äpfel gespritzt", vermutet Lukas.

Die Urgroßmutter

Die Erstklässler sollen in der Schule ihre Familie malen. Einige Kinder malen auch eine Urgroßmutter, da sie noch eine haben.
Der kleine Uli ist besorgt, weil er keine mehr hat. Daheim fragt er seine Mutter: „Kann ich noch eine Urgroßmutter kriegen?"

Knochen-Gewitter

„Heute will ich euch erklären, woher die Gewitter kommen", sagt der Lehrer zu der Klasse.

„Das weiß ich schon", mischt sich Viktor gewichtig ein, „sie kommen alle aus den Knochen von meinem Großvater."

„Was redest du da für einen Unsinn?", wird der Lehrer ärgerlich.

„Doch, ich weiß es ganz bestimmt", bleibt Viktor bei seiner Behauptung. „Jedes Mal, wenn mein Opa sagt: ‚Ich spüre wieder ein Gewitter in meinen Knochen', dann ist es ein paar Stunden später wirklich da."

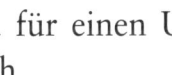

Guter Grund

„Ich gehe in die Schule, weil ich ja sonst nie Ferien hätte", erklärt Rudi dem erstaunten Großvater.

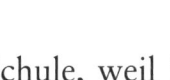

RÄTSEL

Merkwürdige Reise

Oma und Opa haben eine Urlaubsreise gemacht. Für die 600 Kilometer lange Strecke brauchten sie auf der Hinfahrt zweieinhalb Tage, bei der Rückfahrt nur einen Tag. Merkwürdig! Gleich geblieben sind Reiseweg, Fortbewegungsmittel, Wetter- und Windverhältnisse und die Entfernung von 600 Kilometern. Mit welchem Verkehrsmittel haben die beiden ihre Reise gemacht?

Auflösung: Mit dem Schiff. Bei der Hinfahrt ging es stromaufwärts, bei der Rückreise stromabwärts.

Oh, diese Gelenke!

„Meine Oma hat so starke Gelenkschmerzen, dass sie die Arme nicht über den Kopf heben kann, und mit den Beinen ist es genauso!"

Aus einem Schulaufsatz

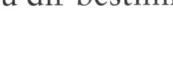

So einen Unsinn

Der Opa fragt seinen Enkel: „Hat der Religionslehrer gemerkt, dass ich dir bei den Hausaufgaben geholfen habe?"
„Ja", antwortet dieser, „er hat mir gesagt: ,So einen Unsinn hast du dir bestimmt nicht allein ausgedacht!'"

Knapp daneben

„Bist du wenigstens in diesem Schuljahr durchgekommen?", fragt der Großvater seinen Enkel.

„Nein", antwortet dieser, „aber so knapp wie diesmal bin ich noch nie durchgefallen!"

Froh zu sein bedarf es wenig,
und wer froh ist, ist ein König.

Sprichwort

Bordeaux

Der Lehrer fragt die Kinder der Klasse, wo Bordeaux liegt. Torsten ruft sofort: „In Opas Weinkeller."

Opas Geburtstag

„Kannst du mir sagen", fragt der Lehrer, „wann dein Opa geboren wurde?"
„Nein", antwortet Philipp, „da war ich noch nicht auf der Welt."

Viel verlorene Zeit

„Wie gefällt es dir in der Schule?", will Oma Meta vom Abc-Schützen Toni wissen.
„Oh, ganz gut!", meint der Junge, „aber man verliert so schrecklich viel Zeit damit."

Trabrennen

„Verstehst du etwas von Trabrennen?", fragt der sportbegeisterte Opa seinen Enkel.
„Natürlich", antwortet dieser, „sonst würde ich jeden Tag den Schulbus versäumen!"

Große Fortschritte

„Na, Thomas, wie war es denn heute beim Orgelunterricht?", fragt die Oma ihren Enkel.
„Ganz klasse, Omi", erwidert der Junge. „Ich mache große Fortschritte. Der Organist hatte sogar Tränen in den Augen."

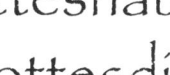

Gotteshaus
und Gottesdienst

Fromm und schlau

Während der Sonntagsmesse kullert in den Kinderbänken plötzlich ein künstliches Gebiss auf den Boden. Die Kinder kichern.

Da erklärt Philipp: „Das gehört meinem Opa. Ich hab es zur Kirche mitgenommen, damit die zu Hause nicht mit dem Essen anfangen, bevor ich von der Messe zurück bin."

„Worüber?"

„Ich konnte heute nicht in die Kirche gehen", erklärt der Großvater. „Hat der Pfarrer lang gesprochen?"

„Mindestens eine halbe Stunde", antwortet Karin.

„Und worüber hat er gesprochen?"

„Das hat er nicht gesagt", meint das Mädchen.

Hörfehler

„Kommst du mit zur Sonntagsmesse?", will die Oma von Klein Johanna wissen.

Johanna ist gleich dabei: „Und wird heute auch wieder von mir gesungen?"

„Von dir?"

„Ja, wie das letzte Mal, wo alle gesungen haben: ‚Johanna in der Höhe …'"

Lieber ungekämmt

Es ist Sonntagvormittag. Da die Mutter des kleinen Justus im Krankenhaus ist, will die Oma den dreijährigen Jungen kämmen und ihn zum ersten Mal mit in den Gottesdienst nehmen.

Der Junge sträubt sich dagegen und meint: „Wenn du mich kämmst, dann kennt mich ja der liebe Gott gar nicht mehr!"

Rein äußerlich gesehen

Tobias durfte zum ersten Mal mit zur Sonntagsmesse. Anschließend erzählt er der kranken Omi davon: „Zwei Jungen waren als Mädchen verkleidet und brachten dem Pfarrer etwas zum Essen und zum Trinken an den Altar ..."

Gelangweilt

Die kleine Hermine langweilt sich furchtbar im Gottesdienst. Unruhig rutscht sie während der Predigt in der Bank hin und her.
Schließlich hält sie es nicht mehr aus und fragt laut vernehmbar ihren Großvater: „Opa, wenn wir dem Pfarrer jetzt schon unser Geld geben, dürfen wir dann früher gehen?"

Mit dem Fahrrad?

Die kleine Rosi ist im Sonntagsgottesdienst recht unruhig. Kurz vor der Wandlung mahnt die Oma: „Jetzt sei mal ganz still! Gleich kommt von da vorne der liebe Heiland."
In diesem Moment klingeln am Altar die Ministranten. Da fragt die Enkelin in die Stille: „Kommt der mit dem Fahrrad?"

Begeistert

Julia ist mit den Großeltern im Ostersonntagsgottesdienst. Als der Pfarrer „Halleluja" ruft, ist Julia ganz begeistert:
„Habt ihr gehört", ruft sie aufgeregt, „der Herr Pfarrer hat eben ‚Hallo Julia' zu mir gerufen!"

Gefährliche Kirche

Die Oma zeigt Patrick in der Kirche die neue Orgel mit den vielen großen Pfeifen.

Da bekommt der Kleine auf einmal ganz ängstliche Augen und meint: „Wohin müssen wir denn rennen, Omi, wenn die Raketen alle hochgehen?"

Beim Saubermachen

Sabine darf mit der Oma die Kirche besichtigen. Daheim erzählt sie der Mutter vom Kirchenbesuch: „Mutti, wir waren im Haus vom lieben Gott. Aber der war nicht da. Nur seine Frau haben wir gesehen. Die war gerade beim Saubermachen."

Die Lottozahlen

Der kleine Alexander sieht zum ersten Mal einen elektrischen Liedanzeiger in der Kirche. Als die Zahlen für das erste Lied erscheinen, ruft er ganz laut: „Omi, die Lottozahlen sind schon da!"

Große Wirkung

Als der kleine Felix mit der Großmutter die Kirche betritt, sagt der Junge: „Gell, Omi, wenn man Weihwasser spritzt, verschwindet der Teufel!"

Zu viel Reklame

„Nun", fragt nach der Sonntagsmesse die Oma ihre Enkelin Silvia, „wie hat dir der Gottesdienst denn gefallen?"

„Die Musik und der Chor waren ganz schön", antwortet das Mädchen, „aber die Reklametexte zwischendrin waren viel zu lang!"

Heimatliche Gefühle

Die Großmutter besucht mit ihrer Enkelin Natalie die Kirche.

Da sieht das Mädchen den Beichtstuhl und ist begeistert: „Guck mal, Omi, die haben auch ein Kasperletheater."

Die Bestechung

Der alte Opa der Familie Wagner hat am Sonntag noch nie seinen Gottesdienst versäumt. Jeden Sonntag kommt er in die Kirche und setzt sich mit seinem Enkel Kai in die vorletzte Bank.

Aber der Mann wird halt auch älter und jetzt schläft er während der Predigt immer ein und stört mit seinem Schnarchen den Gottesdienst. Da hat der Pfarrer eine gute Idee: Er gibt dem Enkel jedes Mal einen Euro, wenn er seinen Opa immer zuverlässig aufweckt. Und das klappt auch prima!

Doch eines Sonntags schläft und schnarcht der Opa wieder, wie man es von früher kennt, und der kleine Junge holt sich auch seinen Euro nicht mehr ab.

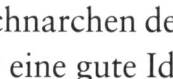

Da knöpft sich der Pfarrer den kleinen Kai einmal vor und fragt ihn: „Warum holst du dir denn den Euro nicht mehr ab?"

„Den brauche ich nicht mehr!", antwortet der Junge. „Der Opa gibt mir jetzt jedes Mal zwei Euro, wenn ich ihn nicht aufwecke!"

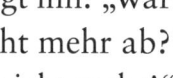

Seligpreisung

Selig, die über sich
selbst lachen;
sie werden genug
Unterhaltung finden.

*Die kleinen Schwestern
des Charles de Foucauld
(Paris)*

Oh Gott, Hochwürden!

Wie viel Sakramente?

„So, Kinder, wer sagt mir mal, wie viel Sakramente es gibt?", fragt der Pfarrer die Kinder im Religionsunterricht.

„Keine mehr", antwortet Andreas.

„Was meinst du damit: keine mehr? Wie kommst du denn darauf?"

„Meine Oma hat gestern das letzte bekommen!"(die Letzte Ölung).

Das Heilungswunder

Ministrant Philipp kann dem Pfarrer von einem großen Heilungswunder berichten:

„Unsere völlig taube Oma kann wieder hören, Herr Pfarrer. Als gestern bei dem schweren Gewitter ein Blitz in unser Hausdach eingeschlagen hat, hat sie ganz deutlich ‚Herein' gerufen!"

Wieder besser

Der Pfarrer hat der kranken Großmutter von Enkel Lorenz die Krankenölung gespendet.
Am anderen Tag trifft er den Jungen und fragt: „Nun, wie geht's denn deiner Oma?"
„Danke, Herr Pfarrer, seit dem Ölwechsel geht's ihr wieder besser!"

Große Trauer

Mitten in der Religionsstunde heult Tobias plötzlich los. Auf die Frage des Pfarrers, warum er so traurig sei, erklärt er: „Mein Kaninchen ist gestorben."
„Aber beim Tod deiner Oma vor drei Wochen hast du doch auch nicht so geweint", versucht ihn der Pfarrer zu trösten.
„Die habe ich auch nicht von meinem Taschengeld gekauft!", meint darauf der Junge.

Was sich liebt …

„Wie mag es kommen", fragt der Pfarrer die Minis, „dass es so viele Menschen gibt, die fromm sind und trotzdem von Gott mit schwerem Leid heimgesucht werden?"
Charlotte scheint da Bescheid zu wissen: „Meine Oma sagt immer: ,Was sich liebt, das neckt sich!'"

Ein gutes Geschäft

„Mein Opa hat mir 20 Euro versprochen, wenn ich in Religion eine Eins bekomme", erzählt Robert dem Pfarrer in der Religionsstunde.
„Also, dann streng dich an", ermahnt ihn der Pfarrer.
„Ich hätte einen besseren Vorschlag", meint der Junge. „Sie geben mir die Eins – und wir teilen …"

Der letzte Ölwechsel

Die Großmutter hat plötzlich einen gefähr-
lichen Herzanfall bekommen. Ihr Enkel, Ministrant Rudi, wird rasch zum Pfarrhaus ge-
schickt, um den Pfarrer für die letzte Ölung
zu holen.

„Herr Pfarrer", sagt Rudi an der Pfarrhaus-
tür, „Sie sollen ganz schnell zu meiner Oma
kommen!"

„Was soll ich denn da?", fragt der Pfarrer zurück.

„Ich glaube, sie will den letzten Ölwechsel",
meint darauf der Junge.

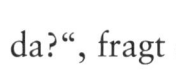

Verpasste Chance

In der Predigt findet der Pfarrer wieder einmal
kein Ende. Da hört man die Stimme von Klein
Lilli: „Omi, dauert der Sonntag noch lange?"

Das kommt vom Denken

„Oma, warum hat unser Pfarrer überhaupt keine Haare auf dem Kopf?", will Enkel Jürgen wissen.

„Weil er so viel denkt, mein Kind", gibt die Großmutter zur Antwort.

Da wird Jürgen nachdenklich und meint: „Und warum hast du so viele Haare?"

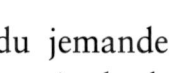

Eine Freude

„Fredi, hast du jemandem eine Freude gemacht, wie wir es in der letzten Ministrantenstunde besprochen haben?"

„Ja", antwortet Fredi dem Pfarrer. „Ich habe meine Oma im Krankenhaus besucht und sie war froh, als ich wieder fortging."

„Erscheinung"

Enkel Frank will eine Ahnentafel anlegen und schreibt an den Pfarrer:

„Ich bitte höflich um Auskunft, ob in Ihren Sterberegistern mein toter Großvater erscheint!"

Die Familienbibel

Der Pfarrer fragt die Kinder im Religionsunterricht, wer von ihnen zu Hause eine Bibel besitze. Viele melden sich, unter ihnen auch die kleine Sabine.

Der Pfarrer fragt das Mädchen: „Weißt du auch, was die Bibel enthält?"

„O ja, das weiß ich!", sagt stolz Sabine. „Die Bibel enthält das Foto von der Hochzeit meiner Großeltern, das Rezept für die Schönheitscreme von meiner Mammi und den Garantieschein für die Uhr von meinem Opa!"

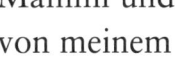

Ohne Geschwister

Auf seinem Spaziergang mit der Oma trifft Klein Nico mit dem Pfarrer zusammen.
„Na", fragt dieser den Jungen, „hast du denn auch noch Geschwister?"
„Nein", antwortet dieser, „ich bin alle Kinder, die wir haben."

Wo bleibt die Ehrfurcht?

Die Ministranten machen mit dem Pfarrer einen Besuch im Zoo.
Am Affenhaus sagt Holger zum Pfarrer: „Der große Affe sieht fast aus wie mein Opa!"
„Aber Holger", weist ihn der Pfarrer zurecht, „so was sagt man doch nicht!"
„Warum denn nicht?", meint darauf der Junge. „Der Affe versteht das doch sowieso nicht!"

Rutschig

„Wer weiß von euch, warum Schwerkranke bei der Krankensalbung mit Öl gesalbt werden?", fragt der Pfarrer im Religionsunterricht.
„Vielleicht, damit der Teufel darauf ausrutscht?", vermutet Nico.

Neue Berufsbezeichnung

„Wisst ihr schon, wer ich bin?", fragt der Pfarrer im Kindergarten.
„Ja, du bist der Nachrichtensprecher in der Kirche!", ruft Marie.

Ausgezeichnet

Der Pfarrer fragt seinen Ministranten Konrad, wie denn seine Oma mit ihrem neuen Hörgerät zufrieden sei.

„Ausgezeichnet", antwortet dieser, „seit sie es besitzt, hat sie ihr Testament schon dreimal geändert!"

Gottes Stimme

„Man muss immer auf die Stimme Gottes im Gewissen hören", erklärt der Pfarrer in der Ministrantenrunde.

Da meldet sich Martin: „Mein Opa hat aber gesagt, man soll nie auf das hören, was andere sagen!"

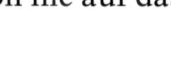

Herr, ich freue mich

Ich werfe meine Freude
wie Vögel an den Himmel.
Die Nacht ist verflattert,
ich freue mich am Licht.
Was aus uns kommt
und was in uns ist
an diesem Morgen –
alles ist Dank.
Herr, ich werfe meine Freude
wie Vögel an den Himmel.
Ein neuer Tag,
der glitzert und knistert,
knallt und jubiliert
von deiner Liebe.
Jeden Tag machst du.
Halleluja, Herr!
Amen.

Gebet aus Westafrika

So still geworden

„Wie geht es deiner Oma?", fragt der Pfarrer
seine Ministrantin Babsi.
„Eigentlich ganz gut", erwidert das Mädchen,
„nur beklagt sie sich, dass es bei ihr so still
geworden ist, seit ihr Goldfisch nicht mehr
lebt!"

Bei den Großeltern/
Enkeln zu Besuch

Du bist mein Sonnenschein!

Eines Tages fragte eine Vierjährige ihren Großvater: „Opa, warum leuchtet die Sonne?"
Der Opa war zunächst ganz überrascht von
dieser Frage, aber dann antwortete er seiner
Enkelin einfach und klar: „Weil sie lächelt."
Das Mädchen war mit der Antwort vollauf
zufrieden. Es hatte ja keine naturwissenschaft-
liche Erklärung erwartet.
Es wollte eine menschliche Antwort haben
und die hatte Opa ihm gegeben: „Die Sonne
leuchtet, weil sie lächelt."
Mit dieser Antwort konnte das Mädchen etwas anfangen. Außerdem hatte der Opa wie-
derholt zu der Kleinen gesagt, wenn sie besonders lieb und freundlich war: „Du bist mein
Sonnenschein."

Vorsicht!

Michaela ist übers Wochenende bei der Oma eingeladen. Bein Abendgebet verplappert sich das Mädchen ein bisschen: „Hab ich unrecht heut getan, so geht's dich, lieber Gott, nichts an ..."

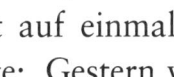

Einsichten in Etappen

Julia ist in der zweiten Grundschulklasse und kann eben einigermaßen fließend lesen.
Während der Sommerferien besucht sie ihre Großeltern. Eines Tages kommt sie mit der offenen Zeitung in der Hand zur Oma und sagt: „Guck mal, Omi, da ist fast eine ganze Verwandtschaft auf einmal tot! Da steht in der Todesanzeige: ‚Gestern verstarb unsere geliebte Mutter, Gattin, Oma, Schwester und Tante!'"

„Am Geschmack liegt's"

Einmal im Monat ist der siebenjährige Jürgen bei der Großmutter zum Mittagessen eingeladen. Die Oma kocht dann meistens etwas Besonderes für ihn.

Heute soll es für den kleinen Feinschmecker eine Nockerlsuppe (Klößesuppe) geben.

Jürgen kommt in die duftende Küche und Oma möchte ihn die Suppe probieren lassen. Sie erwartet sein übliches „Hm – fein". Heute aber bleibt es aus. Jürgen rümpft nur die Nase.

Die Oma ist enttäuscht. Jürgen merkt das und nimmt die Oma bei der Hand: „Oma, das liegt nicht an der Köchin, das liegt nur am Geschmack!"

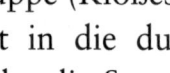

Ab und zu schwierig

Die Omi kommt zu Besuch.
„Na, wie geht es dir denn?", will sie von der Enkelin wissen.
„Ach, mir geht es eigentlich ganz gut", erwidert Gabi. „Nur mit deiner Tochter hab ich ab und zu meine Schwierigkeiten!"

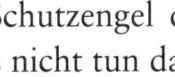

Der Schutzengel

Eines Tages ist der kleine Timo, der bei den Großeltern zu Besuch ist, nicht brav. Die Oma muss ihn ermahnen und fragt den Jungen: „Timo, hat dein Schutzengel dir denn nicht gesagt, dass du das nicht tun darfst?"
Darauf erwidert der Junge ganz kleinlaut: „Der Schutzengel hat so leise gesprochen, dass ich ihn gar nicht hören konnte!"

Stimmt genau!

Die Oma sagt zu Ferdinand: „Merk dir, mein Junge, Geld ist nicht alles im Leben!"
Darauf antwortet der Enkel: „Stimmt genau, Omi. Es gibt auch noch Schecks und Kreditkarten!"

Oma, ich heirate dich!

Gibt es etwas Rührenderes, als wenn der kleine Enkel der Oma am Hals hängt und ihr freudestrahlend ins Ohr flüstert: „Oma, ich heirate dich!"
Da wird es der Oma plötzlich ganz warm ums Herz und sie hat Mühe, es sich nicht anmerken zu lassen.

Auf dem Klo

Irene ist bei den Großeltern zu Besuch. Nun sitzt sie schon eine ganze Weile auf dem Klo. Schließlich klopft die Oma an die Tür: „Irene, beeile dich bitte, ich muss auch mal!"
Da ruft Irene zurück: „Komm nur herein, Oma, ich rutsche ein Stückchen!"

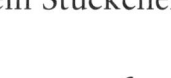

Der Daumennagel

Vor ein paar Wochen ist der dreijährigen Barbara der Daumennagel abgefallen. Mittlerweile ist er fast schon wieder nachgewachsen. Als die Oma zu Besuch kommt, muss sie den neuen Nagel gebührend bewundern.
„Das ist wirklich wieder ein schöner Daumennagel geworden", sagt sie zu dem Mädchen.
„Ja", freut sich Barbara, „und er ist schon fast fertig. Es fehlt oben nur noch die schwarze Rand."

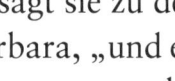

Morgendliche Entdeckung

Erstklässlerin Evi kommt morgens in das Schlafzimmer ihres Großvaters, als dieser dabei ist, sich anzukleiden und in der Unterhose dasteht.

„Oh, Mama, guck mal", ruft sie ganz begeistert, „Opa in Spielhöschen!"

Fernsehkind

Johannes besucht die erste Klasse und ist ein richtiges Fernsehkind. Als er von der Schule nach Hause kommt, sagt die Mutter: „Erschrick jetzt nicht, Johannes, und sei nicht traurig – heute früh ist dein neunzigjähriger Uropa gestorben!"

Da ist die erste Frage von Johannes: „… und weiß man schon, wer ihn erschossen hat?"

Das macht aber nichts

„Wenn Oma zu Besuch kommt, musst du aber recht lieb zu ihr sein!", hat die Mutter ihren Sohn ermahnt.

Nun ist die Großmutter da und der kleine Guido bemüht sich. Schließlich aber platzt es aus ihm heraus:

„Oma, du hast eine noch größere Nase als mein Kasperle!"

Die Oma ist entsetzt. Da fällt Guido ein, dass er höflich sein muss. „Das macht aber nichts, Oma. Vati sagt immer, gescheite Leute hätten große Nasen; deshalb bin ich auch so dumm!"

Zitronenfalter

Uwe geht mit seinem Großvater spazieren. Plötzlich ruft er aus: „Schau mal, Opa, da sitzt ein Zitronenfalter!" – „Unsinn", antwortet der Großvater. „Zitronenfalter sind gelb. Der da ist grün." Darauf der Kleine: „Vielleicht ist er noch nicht reif."

Bald musikalisch

Die Oma ist zu Besuch gekommen. Stolz erzählt ihr der kleine Enkel, dass er jetzt Orgelunterricht bekommen soll.

Darauf meint die Oma: „Das ist aber schön! Bist du denn auch musikalisch?"

„Jetzt noch nicht", erwidert ihr der Junge, „aber in drei Wochen!"

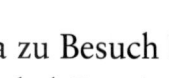

Weil die Oma da ist?

Wenn die Oma zu Besuch kommt, hat ihr der sechsjährige Enkel Ben immer viel Neues zu erzählen.

Beim Mittagessen wird das dem Vater zu viel: „Jetzt halt aber endlich deinen Mund!"

„Warum nicht Klappe?", erwidert ihm der Junge. „Weil die Oma da ist?"

Vor dem Essen

Die Großeltern haben ihren kleinen Enkel Moritz zu sich eingeladen. Vor dem Mittagessen sagt die Oma: „Heute darf unser kleiner Gast das Tischgebet sprechen."

Moritz ist stumm wie ein Fisch. Die Oma will helfen und fragt: „Na, was sagt denn immer deine Mama, ehe ihr zu Hause anfangt zu essen?"

Darauf erwidert Moritz mit fromm gefalteten Händen: „Bekleckert euch ja nicht, ihr alten Ferkel!"

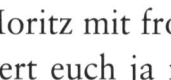

Großvaters Dank

In seinem Aufsatz über den Brand in der vergangenen Woche schreibt Simon unter anderem: „Mein Großvater hat allen schriftlich gedankt, die ihm beim Abbrennen seines Hauses geholfen haben."

Lob für den Opa

Heute war Henri beim Großvater zu Besuch.
Daheim sagt der Enkel zur Mutter: „Schade,
dass der Opa kein Papi geworden ist!"
„Warum meinst du das?", fragt die Mutter
verblüfft zurück.
Darauf der Junge: „Weil er so gut mit Kindern
spielen kann."

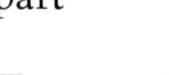

So wird gespart

„Du isst die Wurst vom Brot herunter und
lässt das Brot einfach liegen", ärgert sich die
Großmutter beim Besuch ihres Enkels Felix.
„Aber Omi, damit helfe ich dir doch spa-
ren", erklärt der Junge. „Denn jetzt kannst du
mir mit dieser Scheibe Brot noch ein zweites
Wurstbrot machen!"

Mist für die Erdbeeren

Kerstin macht mit den Großeltern Ferien auf dem Bauernhof. Als sie sieht, wie der Bauer Mist auf seine Schubkarre lädt, fragt sie interessiert: „Wohin kommt der Mist?"
„Der kommt auf die Erdbeeren", erklärt der Bauer.
Da staunt das Mädchen nicht schlecht: „Und wir tun daheim immer Sahne drauf …!"

Kein Problem

„Vorsicht, dass du mir nicht fällst", warnt die Oma, als Enkel Elias sie besuchen kommt. „Der Parkettboden im Wohnzimmer ist frisch gewachst und gebohnert."
„Kein Problem für mich", kann der Junge sie beruhigen. „Ich habe heute Spikes an meinen Sportschuhen!"

Überängstlich

Mini Hans und sein Schwesterchen waren bei den Großeltern. Die Oma war sehr besorgt um die ihr anvertrauten Kinder und wohl etwas überängstlich. So sagt Hans zu ihr eines Tages: „Du, Oma, das ängstliche Zeug sind wir nicht gewöhnt!"

Karte mit Rückantwort

Klemens besuchte in den Sommerferien den Großvater.
Eines Tages schrieb er den Eltern eine Karte mit Rückantwort: „Bitte teilt mir die genaue Uhrzeit mit, damit ich Opas Wecker richtig stellen kann!"

Recht unartig

Die kleine Tanja benimmt sich in den Ferien bei der Großmutter recht unartig.
„Wenn du unfolgsam bist", sagt die Oma, „geht es dir wie dem Rotkäppchen. Du weißt ja, das hat der Wolf gefressen."
„Aber zuerst hat er die Großmutter gefressen!", weiß das Mädchen.

Entsetzlich durstig

Weil die Mutter zur Kur ist, führt die Großmutter den Haushalt.
Da kommt Frank in die Küche: „Omi, ich bin entsetzlich durstig!"
„So, hier ist ein Glas Wasser!", sagt die Großmutter.
„Omi, ich bin durstig und nicht dreckig!", empört sich der Junge.

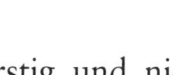

RÄTSEL

Welcher Verwandter?

Tobias fährt in den Ferien einen Verwandten besuchen. Es ist der Mann der Mutter des Bruders seines Vaters. Wen besucht Tobias!

Auflösung: Tobias besucht seinen Opa.

Tierisch lustig

Keine Beleidigung bitte

Bei einer Schulwanderung wurde in einer Gaststätte das vorher bestellte Mittagessen eingenommen.

Martin schmeckte es so gut, dass er sogar noch den Teller abschleckte.

„Martin", rügte der Lehrer, „das machen nur die Schweine!"

„Aber Herr Lehrer", wurde da der Junge böse, „bitte beleidigen Sie meinen Opa nicht!"

Neues Kunststück

Der neue Dackel ist angekommen und Enkelin Gretel ist begeistert: „Guck mal, Omi!", ruft sie der Großmutter, die gerade zu Besuch gekommen ist, zu. „Waldi kann schon wieder ein neues Kunststück! Er steht auf drei Beinen und hält das vierte an den Schrank!"

Am allernützlichsten

„Welche sind die nützlichsten Haustiere?"
heißt das Aufsatzthema. Die Oma muss
schmunzeln, als sie im Aufsatz ihrer Enkelin
Sigrid liest:
„Am allernützlichsten ist das Rindvieh. Man
kann alles von ihm verwerten: Milch, Fleisch,
Fell, Knochen, Hörner, ja sogar den Namen."

Die billigste Gans

Die Familie ist bei Oma zur Weihnachtsgans
eingeladen.
„Du, Oma, ich habe eine Idee, wo du die
billigste Gans bekommen kannst", lässt sich
Achim vernehmen.
„So, wo denn?"
„In der Bettenfabrik! Die brauchen nur die
Federn und schmeißen die Gänse weg!"

Kein Pferd

Julia ist bei der Oma zu Besuch. Abends beten sie zusammen das Nachtgebet.

Kaum hat das Mädchen die letzten Worte gesprochen, protestiert es heftig: „Oma, ich will aber kein Pferd werden!"

Die Großmutter schaut es verständnislos an: „Was soll denn das bedeuten?"

Darauf die Kleine: „Immer muss ich bei dir beten: ‚Heiliger Schutzengel mein, lass mich dir ein Fohlen sein!'"

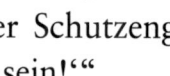

Ein seltsames Tier

Fabian hat von den Großeltern eine Schildkröte bekommen. Seine kleine Schwester betrachtet erstaunt das seltsame Tier. Dann meint sie: „Nimm doch mal den Deckel ab, damit ich sie besser sehen kann!"

Nur die kleinen Tiere

„Was möchtest du werden, wenn du groß
bist?", fragt die Oma.
„Ja, Omi, ich werde Tierarzt."
Darauf die Großmutter: „Dann musst du aber
viel lernen."
„Ach, Oma, das wird sicher nicht so schlimm,
ich nehme nur die kleinen Tiere", meint Enkel
Hubert.

Berechtigte Angst

Weil Klein Gustav einmal gebissen wurde,
hat er große Angst vor Hunden. Auch an der
Hand der Oma will er auf der Straße an einem
kleinen Pudel nicht vorbei.
„Na, komm schon", sagt die Oma, „ich habe
doch auch keine Angst."
Darauf meint der Kleine: „Du bist ja auch
nicht so weit unten wie ich!"

Der klopfende Specht

Niels geht mit seinem Großvater im Wald spazieren.

„Hörst du das Klopfen?", fragt der Opa. „Das ist ein Specht!"

„Warum klopft der denn?", will der Junge wissen.

„Er frisst Würmer, die unter der Baumrinde sitzen", erklärt der Opa.

„Aber", fragt Niels erstaunt, „warum machen die Würmer denn auf, wenn der Specht klopft?"

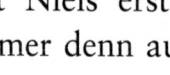

Noch nicht reif

Klein Erna trinkt zum ersten Mal in ihrem Leben bei der Großmutter Sauermilch.

Erst stutzt sie, dann meint sie: „Du, Omi, ich glaube, die Kuh war bestimmt noch nicht reif!"

Das nützlichste Tier

Der Lehrer empfiehlt den Schülern, daheim einmal darüber nachzudenken, welches Tier für die Menschen das nützlichste sei.

Am nächsten Tag berichtet Ramona: „Wir haben im Familienkreis lange über dieses Thema diskutiert und uns am Schluss dem Opa angeschlossen, welcher der Meinung ist, dass das nützlichste Tier für uns Menschen das Huhn ist, weil man es vor seiner Geburt und nach seinem Tod essen kann."

Sehr wachsam

„Ist dein Dackel auch wachsam?", will die Großmutter von ihrer Enkelin Karin wissen.

„Sogar sehr!", behauptet das Mädchen. „Neulich hat er sogar gebellt, als ich von einem Einbrecher geträumt habe."

Ausgespuckt

„Magst du einen Bonbon?", fragt Armin seine Großmutter.

„Gerne, mein Junge."

Armin lässt sich das nicht zweimal sagen. Er drückt der Oma einen Bonbon in die Hand und beobachtet interessiert, wie sie ihn in den Mund schiebt.

Nach einer Weile fragt er: „Schmeckt er?"

„Ausgezeichnet, mein Junge!"

Armin schüttelt den Kopf: „Das verstehe ich nicht", brummt er. „Wieso hat ihn der Hund dann ausgespuckt?"

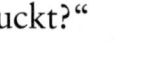

Wie ein großes Tier?

Arthur hat daheim die Lehrerin gemalt.

„Die sieht aber eher wie irgendein großes Tier aus", wendet die Oma ein.

„Kennst du sie denn?", fragt Arthur.

Im Kuhstall

Pit ist beim Opa auf dem Land zu Besuch und sieht im Kuhstall die Kühe wiederkäuend daliegen.

„Mensch, Opa", wundert sich der Junge, „wo bringst du denn nur die vielen Kaugummis her?"

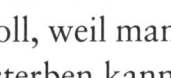

Nicht küssen

Der Lehrer belehrt seine Schüler, dass man Tiere nicht küssen soll, weil man davon krank werden oder sogar sterben kann.

Da erzählt Marina: „Ja, meine Oma hat ihren Papagei auch immer geküsst – und der ist jetzt wirklich gestorben."

Genau passend

Der Religionslehrer hat den Kindern gerade erklärt, dass Gott den Menschen zum Herrn der Schöpfung eingesetzt hat. Auch die Tierwelt müsse dem Menschen dienen.

„Zum Beispiel müssen die Hühner ihre Eier immer genau so groß legen, dass sie in die Eierbecher der Menschen passen", fügt der schlaue Thomas hinzu.

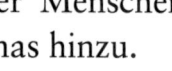

Was ist das?

„Was ist das: Es ist zwei Zentimeter groß und hat Klammerbeine?", fragt Enkel Henrik seinen Opa, als dieser zu Besuch kommt.

„Das weiß ich nicht", antwortet dieser.

„Ich auch nicht", erklärt der Junge, „aber es krabbelt gerade deinen Rücken hoch!"

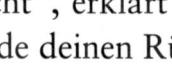

Ja und nein

Im Zoo fragt die Oma ihren Enkel: „Möchtest du auch so einen langen Hals haben wie diese Giraffen hier?"
Darauf meint Daniel nachdenklich: „Beim Waschen bestimmt nicht, aber bei den Klassenarbeiten vielleicht doch!"

Furchtbare Klaue

„Opa, wie kann ein Tiger schreiben?", fragt der Enkel seinen Großvater.
„Wie kommst du denn darauf, mein Junge?"
„Na, hier steht doch in der Zeitung: ‚Der Tiger hat eine furchtbare Klaue!'"

Der Papagei

„Sag mal, Kai", wendet sich die Oma an ihren Enkel, „euer Papagei sagt ja lauter schlimme Wörter. Hast du ihm die beigebracht?"

„Nein", verteidigt sich der Junge, „ich habe ihm nur beigebracht, was er nicht sagen darf!"

Die Dinosaurier

„Papa, wann sind die Dinosaurier eigentlich ausgestorben?", fragt Rosi den Vater.

„Das weiß ich nicht so genau. Aber es ist schon lange her."

„Macht nichts, dann frage ich eben den Opa – der ist älter als du."

Kochender Kater

Kater Figaro sitzt auf dem warmen Ofen und schnurrt vor Wohlbehagen. Enkelin Bärbel aber bekommt Angst um ihn und ruft: „Oma, komm schnell, der Figaro kocht schon!"

Schimmelig und rappelig

Enkelin Monika hat eben unterscheiden gelernt, wie der Schimmel und der Rappe aussehen.
Eines Tages ruft das Mädchen aus: „Guck mal, Omi, da ist ein Pferd, das ist vorne schimmelig und hinten ganz rappelig!"

Freude

Die Seele nährt sich von dem,
worüber sie sich freut.
Aurelius Augustinus

Der Mensch ist für die Freude
und die Freude ist
für den Menschen da.
Franz von Sales

Das ist das Herrliche
an der Freude,
dass sie unverdient kommt
und niemals käuflich ist.
Hermann Hesse

Was kann der Schöpfer lieber sehen
als ein fröhliches Geschöpf?
Gotthold Ephraim Lessing

Gemeinsam unterwegs

Getäuscht

„Warum hast du denn deine Hand verbunden?", will die Oma von Diana wissen.
„Ich wollte eine Fliege an der Wand totschlagen."
„Na, und?"
„Sie hat mich getäuscht. Es war ein Nagel."

Im Zoo

Die Enkel besuchen mit ihrem Opa den kleinen Zoo der Stadt.
Als Harald, der jüngste der Kinder, die vielen Schafe, Ziegen, Schweine, Affen, Rinder und Kamele sieht, meint er:
„Toll, Opa, da laufen ja alle Schimpfwörter lebendig herum!"

Die Großmütterchen

Die Großmutter spaziert mit ihrer kleinen Enkelin Nicole über die blühende Wiese und erklärt ihr die Blumen.

„Das hier ist ein Stiefmütterchen", sagt die Oma.

„Und wo sind die Großmütterchen?", will darauf die Kleine wissen.

Kein Wunder

Enkelin Rosi durfte mit ihrer Oma eine Reise ins Heilige Land machen. Am See von Genesaret verlangt die Schifffahrtsgesellschaft zwanzig Euro pro Person für die Überfahrt.

„Was? Zwanzig Euro pro Person!", wundert sich das Mädchen. „Kein Wunder, dass Jesus zu Fuß über den See gegangen ist!"

Anrufung

Onkel Rainer in Hamburg macht nach zwei Fehlversuchen erneut die Fahrprüfung. Die Verwandten in Köln wollen ihm beistehen.
Als am Morgen die Oma sagt: „Wir wollen für Onkel Rainer den Heiligen Geist anrufen", fragt der kleine Oliver interessiert: „Oma, was hat denn der Heilige Geist für eine Telefonnummer?"

Aufgepasst!

„Zum Theodor-Heuss-Platz – wo muss ich denn da aussteigen?", wird Daniela von einer älteren Dame in der Straßenbahn gefragt.
„Achten Sie bitte darauf, wo ich aussteige", erwidert das Mädchen freundlich, „eine Haltestelle vorher müssen Sie aussteigen!"

Etwas ordentlicher

Toni darf mit den Großeltern in die Ferien fahren und sieht so zum ersten Mal die Berge.
„Toni, siehst du hier all die hohen Berge ringsum? Die hat der liebe Gott so hingestellt", erklärt ihm die Oma.
„Aber die hätte er doch etwas ordentlicher hinstellen können!", hält der Junge seine Kritik nicht zurück.

Vor einem Freigehege

Die kleine Hannah steht mit ihrer Oma vor einem Freigehege.
„Ein schönes Pferd!", sagt die Oma. „Was meinst du, was es sagen würde, wenn es sprechen könnte?"
„Ich bin ein Esel!", erwidert die Kleine.

Dreißig Knoten pro Stunde

Doris macht mit den Großeltern eine Rundfahrt im Hamburger Hafen mit.

„Dieses Schiff fährt bis nach Australien und macht dreißig Knoten in der Stunde", erklärt der Führer.

„Und wer macht die vielen Knoten in Australien wieder auf?", will daraufhin das Mädchen von der Oma wissen.

Kinderwünsche

Der Opa besucht mit seiner kleinen Enkelin Sarah den Zoo.

„Jetzt werden gleich die Seehunde gefüttert. Da schauen wir zu, wie sie Fische fressen."

Sarah aber hat einen anderen Vorschlag:

„Opa, möchtest du nicht lieber zusehen, wie ein kleines Mädchen einen Hamburger mit viel Ketchup isst?"

Rund um den
lieben Gott

Großer Gott!

Tim prahlt: „Mein Onkel ist Pfarrer und viele sagen ‚Hochwürden' zu ihm."
Darauf meint Fynn: „Mein Onkel ist Kardinal und alle sagen ‚Eminenz' zu ihm."
Aber Paul setzt noch einen drauf: „Mein Opa wiegt 200 Kilogramm. Wenn die Leute ihn sehen, rufen sie: ‚Großer Gott!'"

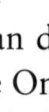

Durch die Wolken

Die kleine Bärbel darf zum ersten Mal mit den Großeltern fliegen.
Als das Flugzeug an die Wolkendecke herankommt, erklärt die Oma: „Sieh mal, jetzt fliegen wir gleich durch die Wolken hindurch!"
Da meint die Enkelin: „Weiß eigentlich der liebe Gott schon, dass wir kommen?"

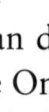

Gestörte Heizung?

„Da vorne hinter den beiden goldenen Tür-
chen wohnt der liebe Heiland", erklärt die
Oma dem kleinen Nico bei einem gemeinsa-
men Kirchenbesuch.
Der Junge sieht das rot leuchtende Ewige
Licht daneben und meint: „Aber seine Hei-
zung scheint eine Störung zu haben!"

Wenn der liebe Gott ruft

„Musst du auch einmal sterben?", fragt Diana die Oma.
„Ja, natürlich – wenn der liebe Gott mich
ruft", erklärt die Großmutter.
„Klasse", ruft die Enkelin entzückt, „da
brauchst du ja nie zu sterben! Du kannst immer sagen, du hast es nicht gehört!"

Missglückt

„Opa, warum stehen denn deine beiden Ohren so weit ab?", fragt der kleine Enkel seinen Großvater.

„Das hat der liebe Gott so gemacht", antwortet dieser.

Darauf der Junge: „Du, Opa, bei dem lassen wir aber nichts mehr machen."

Ein gutes Essen

Julius ist am Sonntag bei der Oma eingeladen und es gibt sein Lieblingsessen. Julius schmeckt es wunderbar.

Am Schluss meint die Oma: „So, heute sagst du dem lieben Gott dein Dankgebet einmal mit eigenen Worten."

Das tut der Junge gern: „Lieber Gott, das war heute ein gutes Essen. Ich danke dir, dass ich nicht geplatzt bin."

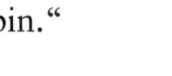

Wo der liebe Gott wohnt

In Omas Garten reißt der kleine Michael einige Blumen ab.

Die Oma mahnt ihn: „Das darfst du aber nicht tun. Der liebe Gott hat alles gesehen und ist nun ganz traurig."

Einige Tage später geht der Junge mit seiner Mutter in die Kirche und bekommt erklärt, dort habe er ganz artig zu sein, weil dort der liebe Gott wohne.

Michael kann das nicht glauben und stellt fest: „Nein, Mutti, der liebe Gott wohnt doch bei der Oma im Garten."

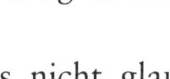

Kinderbrief an den lieben Gott

Lieber Gott, es ist sehr gut, dass wir Kinder einen Opa und eine Oma haben. Sag, hast du lange gebraucht, bis dir das eingefallen ist?

Besser als die Ungläubigen

„Oma, wir haben es besser als diejenigen, die nicht an den lieben Gott glauben, stimmt's?"
„Aber sicher, mein Kleines. Doch warum sagst du das?"
„Uns bringt das Jesuskind in jedem Jahr die Geschenke", erwidert die Enkelin, „die anderen müssen sie sich selber kaufen."

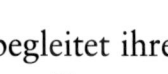

Übertriebene Strafe

Enkelin Luise begleitet ihre Oma in der Stadt beim Einkaufen. Trotz mehrfacher Ermahnnung tobt und turnt sie herum. Und es kommt, wie es kommen musste: Sie stürzt und es fließen Tränen.
„Siehst du", sagt die Oma, „die kleinen Sünden bestraft der liebe Gott sofort."
Darauf erwidert das Mädchen empört: „Deswegen muss er ja nicht gleich so schubsen!"

Hat Opa recht?

„Ist es wahr, was Opa gesagt hat", fragt Klein Susi die Mutter, „dass der liebe Gott uns zweimal die Zähne schenkt und dass wir sie beim dritten Mal selbst bezahlen müssen?"

Nimm zwei!

Oma: „Bist du dir im Klaren, dass der liebe Gott anwesend war, als du den Keks in der Küche geklaut hast?"

Enkel: „Ja."

Oma: „Und dass er dich die ganze Zeit über angeschaut hat?"

Enkel: „Ja."

Oma: „Und was, meinst du, hat er zu dir gesagt?"

Enkel: „Er hat gesagt: Niemand ist hier außer uns beiden – nimm zwei!"

Arme Eva!

Ursel liest manchmal vor dem Schlafengehen der Großmutter noch ein Stück aus der Bibel vor. Diesmal ist die Schöpfungsgeschichte dran:

„Gott ließ einen tiefen Schlaf über Adam kommen, nahm eine von seinen Rippen und bildete daraus ein Weib ..."

Die Seite ist zu Ende. Ursel merkt nicht, dass sie gleich zwei Blätter, die aneinanderkleben, umwendet. Dabei gerät sie in die Geschichte von der Arche Noah und fährt fort:

„... Er verklebte sie mit Pech innen und außen. Sie war 300 Ellen lang, 50 Ellen breit, 30 Ellen hoch ..."

Da schüttelt die Großmutter den Kopf und greift zu ihrer Brille.

Der liebe Gott

„Omi, schau mal", sagt Elke, „ich habe den lieben Gott gemalt!"
„Aber Elke, niemand weiß, wie der liebe Gott aussieht", antwortet die Großmutter.
„Aber jetzt weißt du's!", meint die Enkelin.

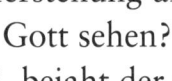

Beim Gräberbesuch

Beim Gräberbesuch an Allerheiligen will der kleine Hubert vom Opa wissen: „Kann kein Mensch Gott sehen?"
Der Großvater bestätigt es.
„Aber bei der Auferstehung am Jüngsten Tag – kann man dann Gott sehen?"
„Ja, dann schon!", bejaht der Opa.
Da freut sich der Enkel: „Und dann kann man endlich ‚Grüß Gott' zu ihm sagen!"

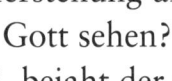

Vorsicht, Ansteckungsgefahr!

Vor dem Schlafengehen betet Klein Claudia: „Lieber Gott, mach meine Oma bald wieder gesund. Aber du darfst nicht so nah an sie ran, weil sie die Grippe hat!"

Die Flöte der Freude

Wer die Posaune
der Trübsal bläst,
überhört die kleine
Flöte der Freude.

Don Bosco

Buntes Kirchenjahr

Adventskaffee

Die Großeltern haben im Advent zu Kaffee und Kuchen eingeladen.

Die Oma, noch mit Vorbereitungen in der Küche beschäftigt, ruft zu ihrem Enkel herüber: „Hannes, zünde schon mal den Adventskranz an!"

Kurz darauf ruft der Junge zurück: „Auch die Kerzen?"

Kostümiert

Am Fastnachtsdienstag ging die Oma mit ihrer kleinen sechsjährigen Enkelin zum Einkaufen. Hin und wieder begegneten ihnen einige kostümierte Kinder.

Da kam auch ein Pater des Weges und die Kleine rief mit allen Zeichen der Begeisterung: „Sieh mal, Omi, sogar der Pfarrer hat sich heute kostümiert."

Der heilige Nikolaus

Der Lehrer möchte die Kinder auf den Sankt-Nikolaus-Tag mit einigen Worten „einstimmen":
„Wisst ihr denn, Kinder, wer der heilige Nikolaus war?"
„Beim letzten Mal war es der Opa", ruft der sechsjährige Simon.

Schwieriger Text

Zu Weihnachten wird im Gottesdienst das Lied „Ihr Kinderlein, kommet" gesungen.
Die sechsjährige Kati, die mit ihrer Oma zur Kirche gekommen ist, scheint noch einige Schwierigkeiten mit dem Text zu haben. Erstaunt hört die Großmutter sie singen:
„Hoch oben schwebt Josef den Engeln was vor" (statt „hoch oben schwebt jubelnd der Engelein Chor").

Nicht wiedererkannt

Elke fährt mit dem Fahrrad, das ihr die Großmutter zu Weihnachten geschenkt hat, einen
Fußgänger an.
„Zum Donnerwetter, kannst du denn nicht
achtgeben!", schimpft der erboste Mann.
„Gestern hast du mich schon einmal angefah-
ren!"
„Ent... Entschuldigung", stottert das Mädchen, „ich habe Sie nicht wiedererkannt."

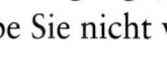

Vor dem Krippenbild

Angelika betrachtete mit der Oma ein Bild,
das die Muttergottes mit dem Jesuskind dar-
stellte.
„Wo ist denn der heilige Josef?", wollte die
Enkelin schließlich von der Großmutter erfahren, gab sich aber selber die Antwort: „Ach,
ich weiß schon, der musste ja knipsen!"

Gut geschmeckt

Die Oma hat die Weihnachtsplätzchen im Kleiderschrank eingeschlossen und eine gespannte Mausefalle auf die Büchse gestellt, damit sie auf diese Weise die Vorweihnachtszeit überstehen sollten.
Als sie kurz vor Weihnachten sicherheitshalber kontrolliert, findet sie unten in der leeren Büchse die Mausefalle mit einem Zettel darin: „Hat gut geschmeckt! Deine Mäuse."

Aber verchromt …

Fritz soll Lametta für den Christbaum der Großmutter einkaufen. Aber im Laden fällt ihm das Wort dafür nicht mehr ein. Da zeigt der Junge auf das Sauerkraut im Regal und meint: „Von dem da bitte – aber verchromt!"

Auf der falschen Spur

Die Familie – Alt und Jung – haben sich um den Christbaum versammelt und man singt das Weihnachtslied: „Alle Jahre wieder kommt das Christuskind …"
Das Wort „kehren" mag Enkelin Helga auf die falsche Spur geführt haben. Jedenfalls müssen alle herzhaft lachen, als das Mädchen mit klingender Stimme singt: „Kehrt mit seinem Besen rein ein jedes Haus …"

Wen lieber?

„Wen magst du lieber", wird Enkelin Elisabeth von der Mutter gefragt, „deine Großeltern oder Tante und Onkel?"
„Das weiß ich erst, wenn Weihnachten vorbei ist", gibt das schlaue Mädchen zur Antwort.

Die Geschenke der Weisen

Nach dem Kindergottesdienst am Dreikönigsfest erzählt Steffi der Oma daheim: „Die Weisen aus dem Morgenland knieten sich vor dem Kind nieder, beteten es an und schenkten ihm Gold, Weihrauch und Möhren!"

Gott sei Dank daneben!

Beim Schlusssegen der Fronleichnamsprozession haben die Gebirgsschützen drei Böllerschüsse gezündet.
Daheim erzählt Fritz der Oma: „Die Prozession war ganz gefährlich. Da haben Männer geschossen – und wir mussten uns schnell auf den Boden knien, damit wir nicht getroffen wurden!"

Fastenvorsatz

Der Opa fragt seinen kleinen Enkel: „Hast du dir auch etwas für die Fastenzeit vorgenommen?"

„Aber sicher", antwortet dieser, „ich gebe unserem Hund seit Aschermittwoch keine Wurst mehr."

Sehr alte Oma?

Annika, drei Jahre alt, war mit ihrer Mutter in der Maiandacht.

Als sie wieder zu Hause sind, fragt die Kleine: „Mama, ist Ria eigentlich eine sehr alte Oma?"

Die Mutter versteht die Frage nicht: „Was soll denn das für eine Oma sein?"

Darauf die Tochter: „Du hast doch eben in der Kirche gesungen: ‚Oma Ria, hilf!'"

Allerheiligen

Am 1. November, dem Fest Allerheiligen, betet der kleine Enkel Martin die Heiligenlitanei eifrig mit: „… heilige Großmutter, bitte für uns."

Wieder frei

Richard, sieben Jahre alt, freut sich über jeden schulfreien Tag: Frohe Weihnachten! Frohe Ostern! Frohe Pfingsten!
Eines Tages kommt er zur Großmutter hereingestürmt und ruft freudestrahlend: „Oma, am Donnerstag haben wir wieder frei!"
„Warum?"
„Froher Leichnam!" (Fronleichnam).

Essen in der Kirche?

Am Erntedankfest liegen in der Kirche Brot, Kartoffeln, Früchte und Gemüse auf dem Altar.

Das ist dem sechsjährigen Enkel Paul neu und spontan fragt er seine Oma: „Essen wir heute in der Kirche?"

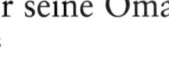

Schon ausgeschlafen

Kurz vor Allerseelen (2. November) arbeitet die Mutter am Grab der Großmutter. „Auf dem Friedhof darf man nicht herumtoben", mahnt die Mutter die kleine Silvia, „da schlafen die Leute unter der Erde."

Kurz darauf kommt eine alte Frau vorbei. Da ruft das Mädchen: „Guck mal, Mutti, die Oma hat schon ausgeschlafen!"

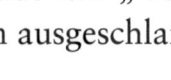

Opas Grabschmuck

Die Oma überlegt, wie sie in diesen Wochen Opas Grab bepflanzen soll.

„Pflanz doch einfach ein Pflaumenbäumchen auf das Grab", schlägt Lukas, ihr liebster Enkel, vor.

„Ein Pflaumenbäumchen?", erwidert die Oma überrascht.

„Warum denn das?"

„Ja", erklärt der Junge. „weil er doch immer so gern Zwetschgenschnaps getrunken hat!"

Der frierende Bettler

Als Kind sang Enkel Jakob inbrünstig „Sankt Martin, Sankt Martin …, dann ist der bittere Frostmann (der bedauernswerte, frierende Bettler) tot" statt „… dann ist der bittere Frost dein Tod".

RÄTSEL

Wie viele Schokoküsse?

Erik hat Geburtstag und wird zwölf. Von der Oma bekommt er die ersehnte Packung mit Schokoküssen. Seine Geschwister Janina (9) und Marcel (7) stehen dabei und denken: Wird er uns wohl davon abgeben?

„Janina", sagt Erik, „du bekommst von den Schokoküssen den vierten Teil ab. Ich behalte die Hälfte, weil ich Geburtstag habe. Marcel bekommt den achten Teil, weil er der Kleinste ist. Wenn wir es so machen, dann haben wir morgen früh jeder noch einen Schokokuss zum Frühstück!"

Wie viele Schokoküsse sind in der Packung?

Auflösung: 24 Schokoküsse

Himmlisch-heiter

Kein Wiedersehen?

Die Oma tadelt ihre lebhafte Enkelin Sonja, die bei ihr die Ferien verbringt: „Ach, ich fürchte, wenn wir beide gestorben sind, werde ich dich nicht im Himmel antreffen."
Da entgegnet ihr die Kleine erstaunt: „Wieso nicht? Was hast du denn für schlimme Sachen verbrochen?"

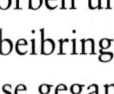

Die letzte Reise

Die Oma ist gestorben und Mutti will es Klein Katja schonend beibringen: „Unsere Oma ist auf die letzte Reise gegangen."
„So, wohin denn?"
„Dorthin, wo alle Menschen einmal hinkommen."
„Oh, ich weiß schon", ruft das Mädchen, „nach Mallorca!"

Beruhigt

Noch am Tag der Beerdigung der Großmutter
ist die kleine Pauline sehr unartig.

„So", ruft die Mutter gereizt, „die Omi ist
jetzt droben im Himmel und sieht genau, wie
unartig du bist!"

Das Mädchen ist ganz geschockt – aber dann
zeigt sie auf die Kommode und strahlt: „Die
Oma kann mich gar nicht sehen – da liegt ja
ihre Brille!"

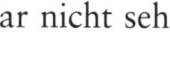

Begeistert

Wenn du mich weiter so ärgerst", sagt die
Oma zu Klein Kornelia, „bringst du mich
noch auf den Friedhof."

„O ja", ist das Mädchen begeistert, „und
dann komm ich dich immer begießen!"

In den Himmel?

Toni ist bei der Oma auf Ferienbesuch. Jeden Abend betet sie mit ihm: „Lieber Gott, mach mich fromm, dass ich in den Himmel komm!" Eines Abends aber fragt Toni mit erschrockenen Augen: „Aber Oma, wie komme ich denn da wieder runter?"

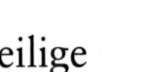

Der neue Heilige

Edith liest im Heiligenkalender und fragt plötzlich den Bruder: „Ist unser Opa kein Heiliger im Himmel? Ich finde seinen Namen nicht im Kalender."
„Ist doch klar", weiß Klaus Bescheid. „Opa starb im Frühjahr, während der Heiligenkalender vom vergangenen Jahr ist. Da konnten sie ja im Himmel nicht wissen, dass sie wieder einen neuen Heiligen bekommen."

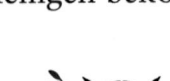

Die Engel

Die Großeltern betrachten mit ihrem Enkel ein Bild, auf dem Engel dargestellt sind, und unterhalten sich darüber.
Dann sagt der Opa: „Engel sind Wesen, die keinen Leib haben!"
Da meint der Enkel: „Komisch, dann sitzt der Kopf ja gleich auf den Füßen!"

Rausgeschmissen?

Enkel Noach scheint sehr darüber enttäuscht zu sein, dass sein Baby-Brüderchen schon so kräftig brüllt und schreit, obwohl es erst vierzehn Tage alt ist.
Zur Oma sagt der Junge: „Ob das das Richtige für uns ist? Den haben sie bestimmt aus dem Himmel rausgeschmissen!"

Von der Seligkeit des Himmels

Der Pfarrer hatte den Kindern von der Seligkeit des Himmels erzählt und meinte, die Kinder dürften daheim ruhig ein wenig davon erzählen.

„Und, habt ihr auch daran gedacht?", erkundigt er sich in der nächsten Religionsstunde.

„Ja", berichtet Linda. „Aber mein Opa meint, der Himmel ist heute auch nicht mehr das, was er einmal war. Bei Ihrem Vorgänger war er jedenfalls noch schöner."

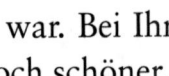

Etwas unwahrscheinlich

Am Tag nach der Beerdigung des Großvaters entlädt sich ein schweres Gewitter über die Stadt. „Gell, Mutti", sagt die kleine Sabine, „heute darf Opa oben zum ersten Mal donnern!"

In den Himmel?

„Opa, kommen Löwen in den Himmel?"
„Nein, mein Kind."
„Kommen Pfarrer in den Himmel?"
„Gewiss, mein Kind."
„Und was ist, wenn ein Löwe einen Pfarrer frisst?"

Das Harfenspielen

Der Pfarrer trifft den Großvater auf einem Spaziergang.
„Man trifft Sie gar nicht mehr in der Kirche."
„Tja, meine Enkeltochter lernt das Harfenspielen."
„Und was hat das mit Ihrem Kirchenbesuch zu tun?"
„Ja, wissen Sie, ich bin jetzt gar nicht mehr so scharf darauf, in den Himmel zu kommen."

Ist einer heiter …

… so ist es einerlei,
ob er jung oder alt,
gerade oder buckelig,
arm oder reich sei,
er ist glücklich.

Arthur Schopenhauer

Was sonst noch zum Lachen ist

Verschenkt

„Wo ist denn das Stück Kuchen hin, das hier auf dem Teller lag?", fragt streng die Oma ihren Enkel.

„Das hab ich an einen hungrigen armen Jungen verschenkt", antwortet Fritzchen.

„Das ist aber lieb von dir. Wer war denn der Junge?"

„Ich!"

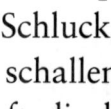

Die beste Medizin?

Moritz kommt in die Apotheke und verlangt ein Mittel gegen Schluckauf. Da gibt ihm die Verkäuferin eine schallende Ohrfeige und erklärt: „Das ist oft die beste Medizin gegen Schluckauf!"

„Aber", stottert der Junge, „ich sollte das Mittel doch für meinen Opa besorgen!"

Gute Idee

„Oma, kannst du mir einen Euro für einen armen alten Mann geben?", bettelt Christine.
„Das ist aber lieb von dir, dass du einem armen Menschen helfen willst", lobt die Oma ihre Enkelin. „Wo ist denn der Mann?"
„Er steht dort drüben und verkauft Erdbeereis", antwortet das Mädchen.

Arme Leute

„Müllers müssen sehr arm sein, Oma", sagt die neunjährige Simone, als sie von ihnen nach Hause zurückkehrt.
„Wie kommst du denn darauf?", will die Oma wissen.
„Weil sie zu zweit auf einem Klavier spielen", erklärt ihr das Mädchen.

Mitleid

Meyers Enkelkinder, Bruder und Schwester, gehen über die Straße. Da fragt eine ältere Frau mit einer schweren Tasche, wie weit es noch bis zum Hauptbahnhof sei.
„Noch fünf Minuten", sagt Franziska.
„Aber Franzi, es sind doch gut zwanzig Minuten!", wundert sich der Bruder.
„Ach, weißt du, die alte Frau sah schon so müde aus, da hatte ich Mitleid mit ihr."

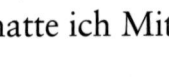

Einfach zu laut

Maxis Oma ist auf dem Sofa eingeschlafen und schnarcht fürchterlich. Daraufhin dreht Maxi an den Knöpfen ihres Kleides.
„Was machst du denn da?", fragt die Mutter.
Darauf Maxi: „Ich schaue, ob man sie leiser stellen kann."

Ohne Marken

Enkelin Inge kommt von der Post heim und gibt der Großmutter das Geld zurück, das sie ihr mitgegeben hatte.

„Da hast du das Geld wieder, Oma", sagt sie, „das du mir mitgegeben hast. Ich habe die Briefe ohne Marken in den Kasten geworfen, als niemand hingeschaut hat!"

Auf dem Markt

Die Großmutter geht mit Klein Robert über den Markt. An einem Früchtestand schenkt die Verkäuferin dem Jungen eine Orange. Der Kleine nimmt die Frucht wortlos entgegen.

„Und jetzt, was sagt man?", fragt die Oma.

Robert überlegt kurz, hält dann der Verkäuferin die Orange hin und sagt: „Bitte schälen!"

Das richtige Geschenk

„Die Geige, die du mir zum Geburtstag geschenkt hast, hat mir schon viel Geld eingebracht", erzählt Markus voller Stolz seiner Oma.

„Was, du gibst schon Konzerte?", fragt die Großmutter erstaunt den Enkel.

„Nein, das nicht. Aber Papi gibt mir jedes Mal einen Euro, wenn ich aufhöre zu üben!"

Sehnlicher Wunsch

Der dreijährige Max möchte unbedingt die Mutter zum Einkaufen in die Stadt begleiten. Aber die Mutter will, dass der Kleine bei der Großmutter bleibt, und sagt: „Du kannst heute nicht mit. In der Stadt ist der Teufel los."

„Mami", fragt darauf der Junge, „wenn der Teufel wieder angebunden ist, darf ich dann mit in die Stadt?"

Nur Tonsalat

Die Oma hat ihrer vierjährigen Enkelin Anja die heiß ersehnte Mundharmonika geschenkt. Die Kleine beginnt sogleich, darauf herumzuspielen, doch nur Tonsalat kommt zustande. Bald legt das Mädchen das Instrument unwillig beiseite und brummt: „Da ist mein Lieblingslied ja überhaupt nicht drauf!"

Na, aber!

Kurtchen will zur Beerdigung des Großvaters unbedingt sein rotes T-Shirt anziehen.
„Unmöglich! So was geht ganz einfach nicht", schimpft die Mutter.
Da stampft der Junge zornig mit dem Fuß auf den Boden und schmollt: „Wenn ich das rote T-Shirt nicht anziehen darf, freut mich die ganze Beerdigung nicht!"

Wichtige Mitteilung

„Ich muss hinüber zum Lunapark", sagt Karl zu seinem Kameraden, „und meiner Oma etwas Wichtiges mitteilen. Sie fährt nämlich im Sechs-Tage-Fahrradrennen mit."
„Aber das ist doch Unsinn: Das Sechs-Tage-Fahrradrennen ist doch schon seit drei Tagen zu Ende."
„Das ist es ja gerade, was ich meiner Oma mitteilen muss."

Neue Interpretation

Christine lernt die Zehn Gebote Gottes. „Omi, was heißt das: ‚Du sollst nicht ehebrechen'?", will sie wissen.
Aber ehe die Großmutter antworten kann, fährt das Mädchen fort. „Ach, ich weiß es schon – du sollst bei Eheleuten nicht einbrechen!"

Große Granatbrosche

Oma kommt zu Besuch. Vorne am Kleid trägt sie eine große Granatbrosche.

„Aber Oma", wundert sich Harry, „warum trägst du denn deinen Rückstrahler vorne?"

Alles Muskeln

„Na, Jörg, du hast aber im Pfingstzeltlager der Pfarrjugend ganz dicke Backen bekommen!", wundert sich der Opa über seinen Enkel. „War denn das Essen so gut?"

„Nein, ich musste nur im Zeltlager zur Strafe die Luftmatratzen aufblasen!"

Mit Butter und Honig

Großmutter und Enkelin beten zusammen das Vaterunser. Bei der Zeile „Unser tägliches Brot gib uns heute" flüstert die kleine Viola der Oma ins Ohr: „Aber bitte mit Butter und Honig drauf!"

Nur am Abend

„Betest du jeden Morgen?", erkundigt sich die Oma.
„Nein, nur am Abend", erklärt Melanie. „Morgens ist es ja hell, da habe ich keine Angst."